westermann

W0353600

Medienheft Grundschule 1/2

Erarbeitet von

Kirstin Jebautzke

in Zusammenarbeit mit der
Westermann-Grundschulredaktion

Unter Beratung von

Sabrina Matthies

Illustriert von

Silke Reimers

Inhalt

1. Suchen, Verarbeiten und Aufbewahren

1.1 Suchen und Filtern
1.2 Auswerten und Bewerten
1.3 Speichern und Abrufen

2. Kommunizieren und Kooperieren

2.1 Interagieren
2.2 Teilen
2.3 Zusammenarbeiten
2.4 Umgangsregeln kennen und einhalten (Netiquette)
2.5 An der Gesellschaft aktiv teilhaben

3. Produzieren und Präsentieren

3.1 Entwickeln und Produzieren
3.2 Weiterverarbeiten und Integrieren
3.3 Rechtliche Vorgaben beachten

4. Schützen und sicher Agieren

4.1 Sicher in digitalen Umgebungen agieren
4.2 Persönliche Daten und Privatsphäre schützen
4.3 Gesundheit schützen
4.4 Natur und Umwelt schützen

5. Problemlösen und Handeln

5.1 Technische Probleme lösen
5.2 Werkzeuge bedarfsgerecht einsetzen
5.3 Eigene Defizite ermitteln und nach Lösungen suchen
5.4 Digitale Werkzeuge und Medien zum Lernen, Arbeiten und Problemlösen nutzen
5.5 Algorithmen erkennen und formulieren

6. Analysieren und Reflektieren

6.1 Medien analysieren und bewerten
6.2 Medien in der digitalen Welt verstehen und reflektieren

Medien in unserem Alltag

Medien nutzen wir, um uns zu informieren,
um mit anderen Menschen in Kontakt zu bleiben,
um zu lernen oder um zu spielen.

1 Wo im Bild entdeckst du Medien? Kreise sie ein.

2 Wozu nutzen die Menschen im Bild die Medien?
Sprich mit einem Partnerkind.

2.1 Interagieren;
2.5 An der Gesellschaft aktiv teilhaben

3 Wie heiβen diese Medien?
Schreibe die passenden Wörter.

die Zeitung	der Brief	das Laptop
das Buch	das Radio	das Tablet

Buch

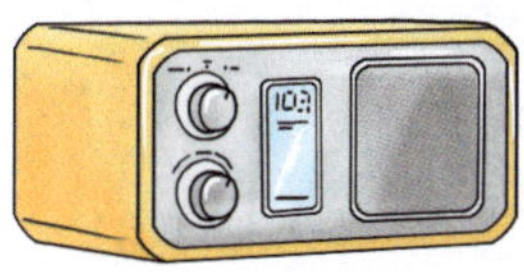

4 Welche Medien nutzt du? Male oder schreibe.

Medien nutzen

1 Was kannst du mit diesen Medien machen? Verbinde.

- lesen
- spielen
- Geschichten hören
- Texte schreiben
- fotografieren
- Filme sehen

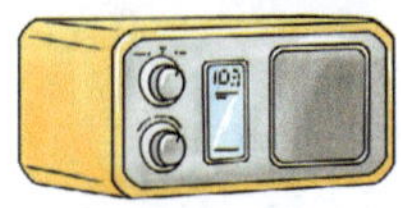

2 Welche Medien von Aufgabe 1 nutzt du? Was machst du damit? Male oder schreibe.

5.4 Digitale Werkzeuge und Medien zum Lernen, Arbeiten und Problemlösen nutzen;
6.2 Medien in der digitalen Welt verstehen und reflektieren

Ein Medientagebuch führen

1 Wie oft nutzt du die verschiedenen Medien in der Woche? S. 4
Führe eine Woche lang eine Strichliste: ~~||||~~.
Du kannst an einem Tag auch mehrere Striche ziehen.

Medium	Mo	Di	Mi	Do	Fr	Sa	So

2 Gibt es noch andere Medien, die du in der Woche nutzt?
Ergänze die Tabelle. Male oder schreibe und führe die Strichliste.

3 Welches Medium hast du in der Woche am meisten genutzt?
Kreise es in der Tabelle ein.

Probiere aus!

Was machst du eine Woche OHNE dein Lieblingsmedium?
Was machst du stattdessen? Probiere es aus.
Wie fühlt sich das an? Gelingt dir der Versuch?
Sprich mit einem Partnerkind.

Mit Computern arbeiten

1 Welche Computer nutzen die Kinder im Klassenzimmer?
Sprich mit einem Partnerkind.

2 Welche Kinder gehen hier richtig mit dem PC, Laptop und Tablet um? Kreise sie grün ein.

3 Welche Regeln solltest beim Umgang mit Computern beachten?

	richtig	besser nicht
Ich halte das Tablet immer mit beiden Händen. 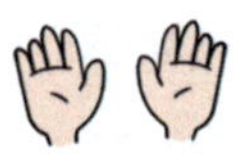	☐	☐
Ich stelle mein Getränk direkt neben dem Laptop ab. 	☐	☐
Ich arbeite erst mit dem Computer, wenn ich sitze. 	☐	☐
Ich gebe den Computer nie einem Erwachsenen. 	☐	☐
Ich lade selbst keine Apps herunter. 	☐	☐

5.2 Werkzeuge bedarfsgerecht einsetzen;
6.2 Medien in der digitalen Welt verstehen und reflektieren

Das Tablet

1 Wie heißen die Teile des Tablets? Verbinde.

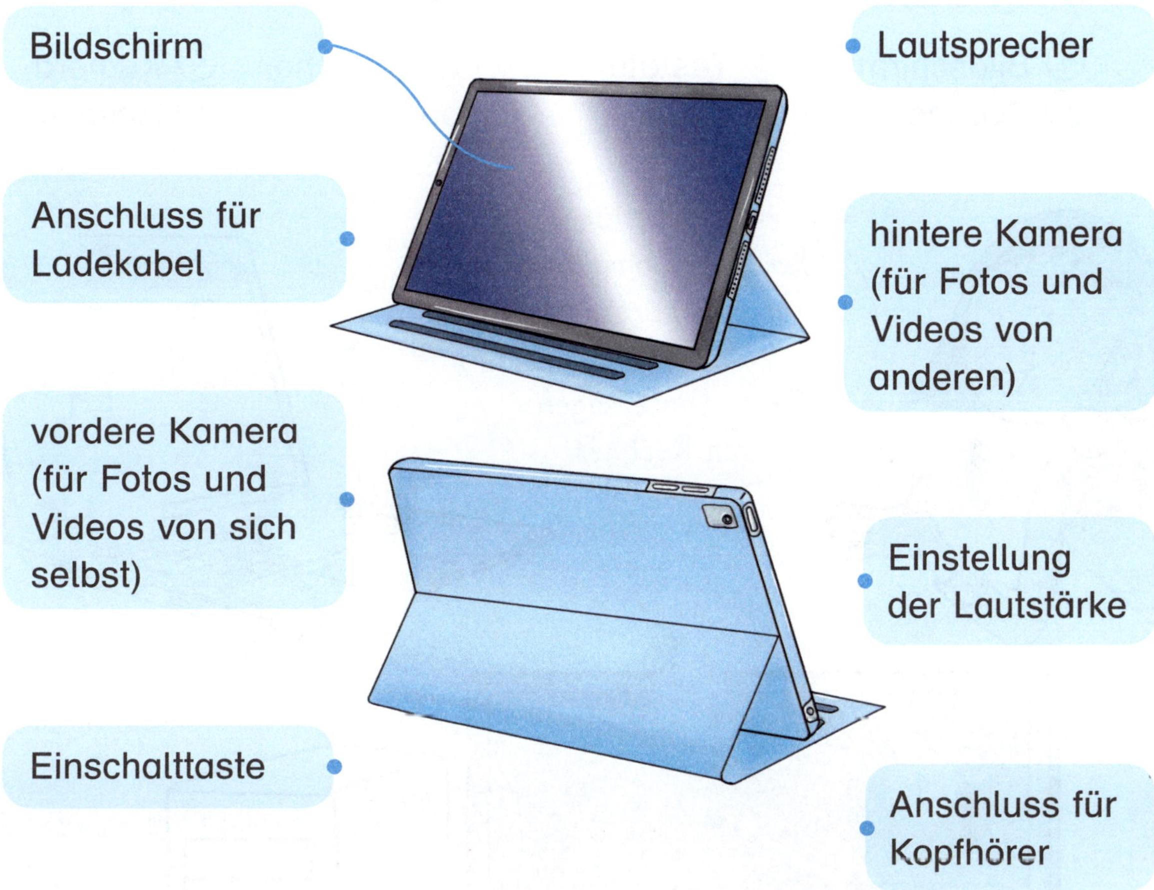

2 Was kann man mit einem Tablet machen? Kreuze an.
Male oder schreibe, was man damit noch machen kann.

- ☐ malen
- ☐ schlafen
- ☐ einkaufen
- ☐ spielen
- ☐ lesen
- ☐ fotografieren
- ☐ schwimmen
- ☐ lernen

Das Laptop und der PC

1 Wie heißen die Teile eines Laptops und eines PCs? Ordne die Nummern zu.

① Bildschirm ② Tastatur ③ Lautsprecher ④ Kamera
⑤ Rechner ⑥ Maus ⑦ Touchpad ⑧ Anschlüsse

5.2 Werkzeuge bedarfsgerecht einsetzen;
6.2 Medien in der digitalen Welt verstehen und reflektieren

2 Was machen die Kinder am Laptop oder PC?
Verbinde.

- eine E-Mail schreiben •
- einen Text schreiben •
- ein Lernspiel spielen •
- im Internet surfen •

3 Was machst du mit dem Laptop oder dem PC?
Was würdest du gern machen?
Male oder schreibe.

Das mache ich schon am Computer:	Das würde ich gern am Computer machen:

Probiere aus!

Suche diese Zeichen an deinem Laptop oder PC.
Was bedeuten sie? Sprich mit einem Partnerkind.
Stellt euch weitere Suchaufgaben zu den Geräten.

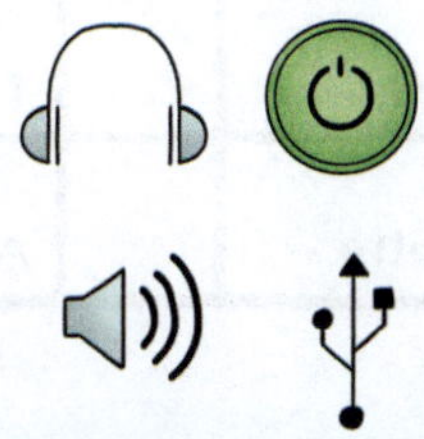

Die Tastatur kennenlernen

1 Suche dir ein Partnerkind für die Aufgaben 2 bis 4.

2 Sprich mit deinem Partnerkind über die beiden Tastaturen:
Welche Gemeinsamkeiten gibt es?
Welche Unterschiede entdeckt ihr?

S. 16

Tastatur am Tablet

Tastatur am Laptop oder PC

3 Suche diese Tasten auf den beiden Tastaturen.
Umrande sie mit den verschiedenen Farben.

gelb: [⇧] **die Umstelltaste**
Damit stellst du die Buchstaben von klein [a] auf groß [A] um.

grün: [↵] **die Eingabetaste** („Öffnen"-Taste oder „Enter"-Taste)
Damit schließt du einen Befehl ab, zum Beispiel beim Suchen, oder du erstellst damit in einem Text eine neue Zeile.

blau: [←] oder [⌫ x] **die Rücktaste**
Damit löschst du Buchstaben.

rot: [ ] **die Leertaste**
Damit erhältst du eine Lücke zwischen Buchstaben oder Wörtern.

4 Stellt euch abwechselnd Fragen zu den Tastaturen.
Ihr könnt auch mit einer echten Tastatur arbeiten.

Probiere aus!

Erstelle an einem Laptop, PC oder Tablet eine Sammlung mit den Adressen deiner Freundinnen und Freunde.

Meine Freundinnen und Freunde
Tina Mustermann
Hauptstraße 7
12345 Ortschaft

Mit Tablet, Laptop und PC arbeiten

1 Mit welchen Geräten arbeiten die Kinder oder wollen sie arbeiten? Was machen sie oder wollen sie machen? Verbinde.

Leo

Maxim

Ella

Suri

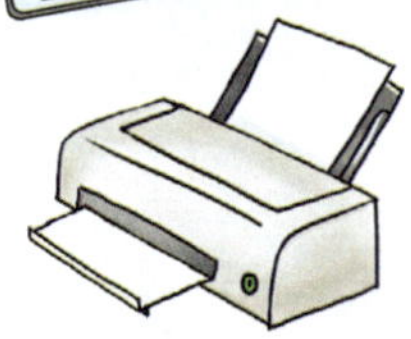

einen Text ausdrucken

eine App nutzen

im Internet suchen

einen Text schreiben

2 Was machst du in der Schule mit Computern? Schreibe.

5.2 Werkzeuge bedarfsgerecht einsetzen;
6.2 Medien in der digitalen Welt verstehen und reflektieren

3 Verbinde die Bilder mit dem passenden Wort.

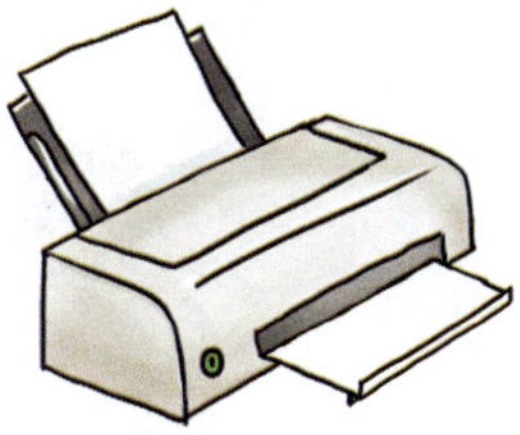

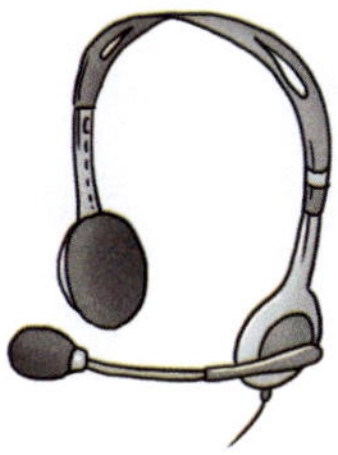

- Headset *(sprich: Hätsät)* (Kopfhörer)
- USB-Stick
- Drucker / Kopierer
- Maus
- Lautsprecher
- WebCam *(sprich: Webkäm)* (Kamera)

4 Wofür nutzt man eine Maus am Computer? Kreuze an.

- ☐ Damit ärgere ich die Katze des Nachbarn.
- ☐ Damit bewege ich den Mauszeiger auf dem Bildschirm.
- ☐ Damit kann ich etwas auf dem Bildschirm anklicken.
- ☐ Damit kann ich das Laptop oder den PC einschalten.

5 Wofür hast du schon einen Laptop oder PC genutzt? Schreibe.

Am PC oder Laptop schreiben

Mit einem Textverarbeitungsprogramm kannst du am PC oder Laptop **Wörter und Texte schreiben**.

1 Welches ist hier das Zeichen für ein Textverarbeitungsprogramm? Kreise es ein.

Du kannst einen Text am Computer **gestalten**.
Wenn du zum Beispiel die Schriftfarbe oder Schriftgröße änderst, nennt man das **formatieren**.
Die Zeichen dafür findest du in der **Menüleiste**.

2 Kennst du die Zeichen in der Menüleiste? Lies und verbinde.

S. 12

Schriftart verändern | Schriftgröße verändern | Schriftfarbe verändern

unterstrichen | *kursiv* | **fett** | markiert

Probiere aus!

Schreibe Farbwörter am PC oder Laptop.
Probiere aus, wie du das Wort verändern kannst.

GRÜN
rot
blau

5.2 Werkzeuge bedarfsgerecht einsetzen; 6.1 Medien analysieren und bewerten;
6.2 Medien in der digitalen Welt verstehen und reflektieren

Einen Text am PC oder Laptop speichern

1 Wie gehst du Schritt für Schritt beim Speichern vor?
Verbinde die Bilder mit den passenden Texten.

① 

② Am Samstag war ich mit meinem Opa im Schwimmbad. Wir

③ 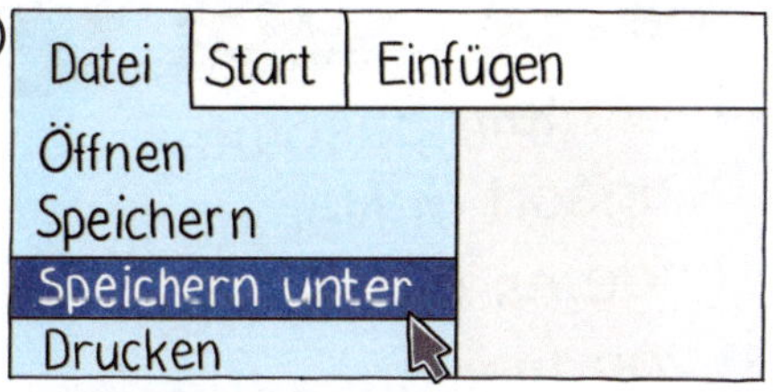

④ 

⑤ 

- Ich klicke immer mal wieder auf Speichern. So geht nichts von meinem Text verloren. Wenn ich fertig bin, speichere ich alles.
- Ich öffne das Textverarbeitungsprogramm.
- Wenn ich möchte, kann ich meinen Text auch ausdrucken.
- Ich schreibe meinen Text.
- Ich speichere meinen Text als Datei in einem Ordner ab. Dafür gebe ich dem Text einen Namen.

Probiere aus!

Erstelle einen Ordner am PC oder Laptop mit deinem Namen.
Speichere eine Datei in deinem Ordner.

1.3 Speichern und Abrufen; 5.2 Werkzeuge bedarfsgerecht einsetzen;
6.2 Medien in der digitalen Welt verstehen und reflektieren

Gemeinsam ein Buch erstellen

Die Kinder der Klasse 2c erstellen gemeinsam ein Buch über ihre Lieblingsplätze in ihrem Wohnort.

1 Wie haben die Kinder ihre Seiten am Computer für das gemeinsame Buch gestaltet? Sprich mit einem Partnerkind.

S. 16

Dilanis Lieblingsplatz

Das ist mein absoluter Lieblingsort in Neustadt. Ich finde es mega, was man von hier aus alles beobachten kann.

HIER bin ich gern

An diesem Ort bin ich in Neustadt am liebsten. Hier spiele ich zweimal in der Woche Fußball. Besonders cool ist es hier, wenn wir ein Turnier spielen.

Tina

Mein Lieblingsort in Neustadt

Mein **Lieblingsort** in Neustadt ist der **Spielplatz**. Ich gehe jeden Tag hierher. Manchmal treffe ich hier auch meine **Freunde**.

Leo, 2c

2 Wie stellst du ein Buch über Lieblingsplätze in deinem Wohnort her? Nummeriere die Arbeitsschritte von 1 – 7.

- ( ) das Foto machen
- ( ) einen Text am Computer schreiben
- ( ) den Text ausdrucken
- (1) ein Fotomotiv auswählen
- ( ) den Text am Computer gestalten
- ( ) alle Texte der Klasse in einem Ordner zusammenheften
- ( ) den Text am Computer überprüfen und verbessern

3 Wo bist in deinem Wohnort besonders gern? Schreibe. Welchen Ort willst du fotografieren und darüber schreiben? Kreise ein.

S. 29

Achte darauf, dass auf deinem Foto keine Menschen zu sehen sind.

Probiere aus!

Erstellt gemeinsam ein Buch über eure Lieblingsorte.
Gestalte dafür eine Seite mit einem Text und mit einem Foto am Computer.
Du kannst die Texte auf S. 18 als Vorlage nutzen.

Mit Apps am Tablet arbeiten

Die Programme auf einem Tablet heiβen **Apps** (sprich: *äps*).
Du findest sie als **Icons** (sprich: *eikens*) auf dem **Startbildschirm**.

1 Welche Apps kennst du? Male oder schreibe.
Vergleiche dann mit einem Partnerkind.

2 Welche App können die Kinder nutzen? Verbinde.

Ich möchte Mathe üben.

Tiere finde ich spannend.

Ich will besser lesen können.

Ich beantworte gern Fragen zu Büchern.

5.2 Werkzeuge bedarfsgerecht einsetzen;
6.2 Medien in der digitalen Welt verstehen und reflektieren

3 Richtig oder falsch? Kreise ein.
Findest du das Lösungswort? Schreibe.

a)	Alle Apps sind umsonst.	Z A
b)	Apps kauft man im Supermarkt.	B N
c)	Frage immer erst einen Erwachsenen, bevor du eine App herunterlädst.	H S
d)	Man kann auch zu zweit mit einer App arbeiten.	Ö Ä
e)	Alle Kinder dürfen alle Apps nutzen, die es gibt.	T R
f)	Bei manchen Apps sind die ersten Spielrunden umsonst. Später muss man manchmal bezahlen.	E Z
g)	Ohne Apps kann man mit dem Tablet gar nichts machen.	T N

Das Lösungswort heißt:

A ___ ___ ___ ___ ___ ___

Probiere aus!

Welche Apps sind auf deinem Tablet?
Probiere eine App aus. Stelle sie einem Partnerkind vor.

Was kannst du im Internet machen?

1 Was ist das Internet? Kreuze an.

☐ ein Netz von Computern auf der ganzen Welt

☐ ein Spielzeug für große Menschen

☐ ein Computer, mit dem man Nachrichten senden kann

2 Was kannst du im Internet machen? Ordne die Nummern zu.

① Informationen suchen ② eine E-Mail schreiben ③ Einkaufen
④ einen Film sehen ⑤ für die Schule lernen ⑥ lesen
⑦ gemeinsam spielen ⑧ miteinander sprechen ⑨ Musik hören

3 Was machst du schon im Internet oder was würdest du gern machen? Sprich mit einem Partnerkind.

2.5 An der Gesellschaft aktiv teilhaben; 4.1 Sicher in digitalen Umgebungen agieren;
5.4 Digitale Werkzeuge und Medien zum Lernen, Arbeiten und Problemlösen nutzen

4 Welche Geräte sind bei dir Zuhause mit dem Internet verbunden? Kreise sie ein.

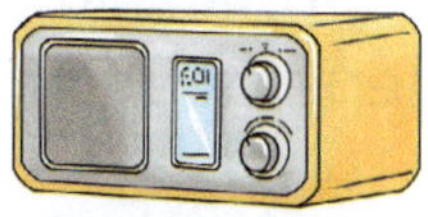

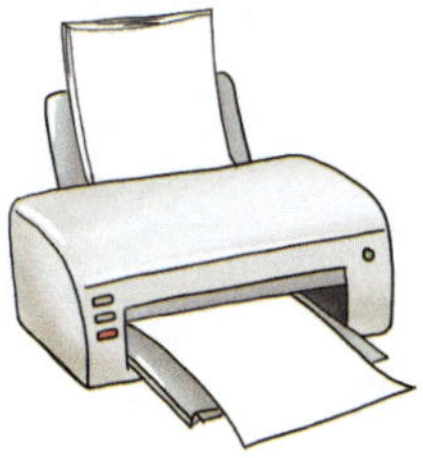

5 Mit welchen Geräten nutzt du das Internet? Male oder schreibe.

Wenn ein Computer mit dem Internet verbunden ist, ist das Gerät **online** (sprich: *onn lein*).
Ist der Computer nicht mit dem Internet verbunden, ist das Gerät **offline** (sprich: *off lein*).

Probiere aus!

Was kannst du mit deinem Tablet, Laptop oder PC machen, wenn das Gerät offline ist?
Probiere es aus und sprich mit einem Partnerkind.

Informationen im Internet suchen

Für Kinder gibt es im Internet extra Seiten,
auf denen sie nach Informationen suchen können.
Man nennt sie **Kindersuchmaschinen**.

1 Kennst du diese Internetseiten für Kinder? Kreuze an. S. 22

		kenne ich	habe ich schon genutzt
A	www.blinde-kuh.de	☐	☐
B	www.fragfinn.de	☐	☐
C	www.klexikon.de	☐	☐

2 Welches Bild gehört zu welcher Internetseite von Aufgabe 1?
Besuche die Internetseiten und schreibe A, B oder C.

3 Wer oder was ist Klexikon?
Besuche die Internetseite und kreuze an.

- ☐ eine Online-Schule für Kinder
- ☐ ein Internet-Lexikon für Kinder
- ☐ eine Malseite für Kinder
- ☐ eine Süßigkeit für Kinder

Um auf den Kindersuchmaschinen Informationen zu finden, musst du ein Wort oder eine Frage in das **Suchfeld** tippen und danach auf 🔍 klicken.

4 Welche Fragen kannst du mithilfe von Kindersuchmaschinen beantworten? Überlege und male die passenden Kästen an.

- Warum ist der Himmel blau?
- Kommt Oma am Wochenende zu Besuch?
- Wie alt werden Elefanten?
- Welches Spiel hast du heute gespielt?
- Welches ist das Tier des Jahres?
- Wann fliegt der Storch nach Afrika?
- Welche Farbe haben deine Winterstiefel?
- Welche Bücher hat Astrid Lindgren geschrieben?
- Hast du Hunger?

5 Wähle aus jeder Frage einzelne Wörter (= Suchbegriffe) aus, die du anstelle der gesamten Frage eintippen kannst. Markiere sie. Vergleiche deine Antworten mit einem Partnerkind.

6 Warum ist es sinnvoll, manchmal nur ein Wort oder zwei Wörter in das Suchfeld einzutippen anstelle einer vollständigen Frage? Sprich mit einem Partnerkind.

Probiere aus!

Bei www.antolin.de kannst du dich über den Inhalt vieler Kinderbücher informieren. Besuche diese Internetseite. Finde dort heraus, welche Bücher Astrid Lindgren geschrieben hat. Findest du dort auch Informationen über dein Lieblingsbuch?

1.2 Auswerten und bewerten;
2.5 An der Gesellschaft aktiv teilhaben

Aus Bildern wird ein Film

1 Was machen die Kinder?
Was fällt dir bei den Bildern auf?
Sprich mit einem Partnerkind.

Wenn du einzelne Bilder sehr schnell hintereinander siehst, macht dein Gehirn daraus einen Film. Blätterst du die Bilder mit dem Daumen wie das Mädchen oben, nennt man das **Daumenkino**.

2 Wie entsteht ein Daumenkino?
Nummeriere in der richtigen Reihenfolge von 1 bis 5.

( ) Ich tackere die Bilder zusammen.

( ) Ich blättere die Bilder mit dem Daumen.

(1) Ich überlege mir eine einfache Bewegung.

( ) Ich schneide die Bilder aus.

( ) Ich zeichne viele einzelne Bilder. Jedes Bild ist immer ein bisschen anders.

Am Computer kannst du aus einem Daumenkino einen **Stop-Motion-Film** (sprich: *Schtopp Moschen Film*) machen. Dafür nimmst du zuerst viele Fotos einzeln auf. Die Fotos fügst du dann mit einer App zu einem Film zusammen.

3 Wie gehen die Kinder vor, um einen Stop-Motion-Film herzustellen? Sprich mit einem Partnerkind.

4 Was benötigst du für ein Daumenkino und was für einen Stop-Motion-Film? Schreibe.

Probiere aus!

Fertige ein Daumenkino an.
Überlege dir, welche Bewegung du zeigen möchtest:
- ein Gesicht, das zuerst traurig und dann fröhlich aussieht,
- ein Ball, der von links nach rechts geworfen wird,
- ...

2.1. Interagieren; 2.2 Teilen; 2.3 Zusammenarbeiten;
3.1 Entwickeln und Produzieren; 3.2 Weiterverarbeiten und Integrieren

Einen Stop-Motion-Film erstellen

1 Suche dir ein Partnerkind. Überlegt gemeinsam:

a) Was soll euer Stop-Motion-Film zeigen? Schreibt.

b) Was braucht ihr für euren Film? Schreibt.

c) Wer übernimmt welche Aufgaben? Schreibt.

2 Welche Tipps sind für die Herstellung eines Films wichtig? Male die passenden Kästen an.

- Achte auf eine gute Beleuchtung, wenn du die Fotos machst.
- Verändere die Stellung der Kamera nicht. Nutze ein Stativ oder befestige sie an einem Stuhl.
- Verschiebe die Elemente immer nur ein bisschen.
- Nutze nicht mehr als drei Fotos für deinen Film.
- Zeichne deine Bilder so, dass sie dir gut gefallen.
- Übe mit dem Tablet oder dem Smartphone zu fotografieren.
- Zeige in jedem Fall auf einem Foto die Kinder, die den Film gemacht haben.
- Sprich mit niemanden über deinen Film.

2.1. Interagieren; 2.2 Teilen; 2.3 Zusammenarbeiten;
3.1 Entwickeln und Produzieren; 3.2 Weiterverarbeiten und Integrieren

Für Fotos mit Personen musst du **Rechte** beachten.
Du musst sie fragen, bevor du sie fotografierst oder filmst.
Bilder aus dem Internet darfst du nur nutzen,
wenn du angibst, woher du das Bild hast.

4 Warum ist es wichtig, dass eine Person gefragt werden muss, bevor sie fotografiert oder gefilmt wird? Kreuze an.
Sprich auch mit einem Partnerkind über deine Antwort.

S. 19

- ☐ Die Person hat ein „Recht am eigenen Bild“.
- ☐ Die Person will wissen, wofür das Foto benutzt wird.
- ☐ Die Person freut sich, wenn sie gefragt wird.

5 Welche Fotos darf Maxim für seinen Film nutzen, ohne jemanden um Erlaubnis zu fragen? Kreuze sie an.

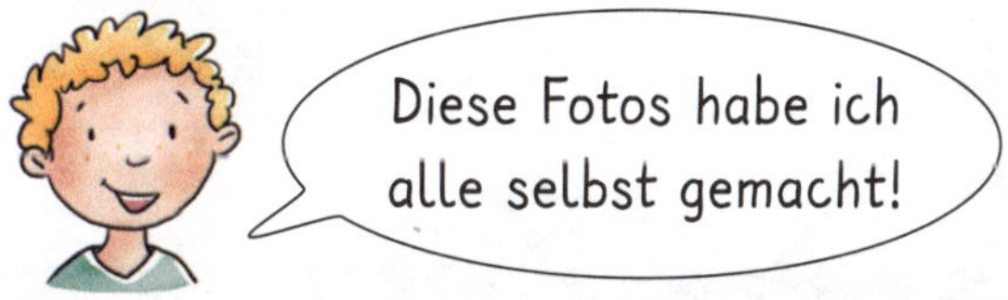

Probiere aus!

Erstelle mit einem Partnerkind einen Stop-Motion-Film.
Ihr könnt dafür Bilder malen, Spielfiguren oder Kuscheltiere nutzen, mit Knete basteln, … Denkt an die Tipps von Seite 28.

Ein Paarspiel erstellen

1 Was machen die Kinder hier? Ordne die Zahlen zu.

① mit dem Drucker arbeiten ② am PC arbeiten

③ spielen ④ schneiden ⑤ fotografieren

2 Was möchtest du für dein Spiel fotografieren? Schreibe.

2.1. Interagieren; 2.2 Teilen; 2.3 Zusammenarbeiten;
3.1 Entwickeln und Produzieren; 3.2 Weiterverarbeiten und Integrieren

3 Wie gehst du vor?
Verbinde die Bilder mit den passenden Arbeitsschritten.

①

Ich füge die Fotos in die Tabelle ein.

Ich lege am PC eine Tabelle mit 6 oder 9 Feldern an.

②

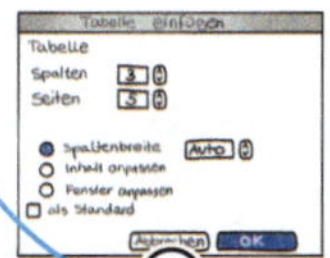
③

Ich speichere die Fotos auf dem PC oder Laptop.

Ich fotografiere 6 oder 9 Gegenstände.

④

⑤

Ich zerschneide beide Seiten in Spielkarten.

Ich drucke die Tabelle mit den Fotos zwei Mal aus.

⑥

Ich spiele das Spiel mit einem Partnerkind.

⑦

Probiere aus!

Erstelle mit einem Partnerkind eine Spielvorlage für ein Paarspiel.
Besprecht die Regeln und spielt gemeinsam.

5.2 Technische Geräte bedarfsgerecht einsetzen;
5.4 Digitale Werkzeuge und Medien zum Lernen, Arbeiten und Problemlösen nutzen

Medien: Ich kenne mich aus

1 Wie gut kennst du dich mit Medien aus?
Schätze dich ein. Kreuze das passende Feld an.

	😀	🙂	😐	🙁
Ich kann verschiedene Medien benennen.				
Ich weiß, wie ich verschiedene Medien nutzen kann.				
Ich kann die wichtigsten Teile eines Tablets, PCs und Laptops benennen.				
Ich weiß, welche Regeln ich beim Umgang mit Medien beachten muss.				
Ich kann einen Text am Laptop oder PC schreiben.				
Ich kann eine Seite am Laptop oder PC gestalten.				
Ich kann einen Text ausdrucken.				
Ich kenne verschiedene Kindersuchmaschinen.				
Ich kann mit einer Kindersuchmaschine im Internet nach Informationen suchen.				
Ich weiß, wie viel Zeit ich am Tag mit Medien verbringe.				

2 Welche Seiten in diesem Heft hast du besonders gern bearbeitet? Wähle aus und schreibe. Sprich mit einem Partnerkind und begründe deine Wahl.

______________ ______________ ______________